BEI GRIN MACHT SICH IHR WISSEN BEZAHLT

- Wir veröffentlichen Ihre Hausarbeit, Bachelor- und Masterarbeit

- Ihr eigenes eBook und Buch - weltweit in allen wichtigen Shops

- Verdienen Sie an jedem Verkauf

Jetzt bei www.GRIN.com hochladen und kostenlos publizieren

Ernst Probst

Theo Lederer. Ein Flugzeugsammler aus Oberbayern

GRIN Verlag

Bibliografische Information der Deutschen Nationalbibliothek:

Die Deutsche Bibliothek verzeichnet diese Publikation in der Deutschen Nationalbibliografie; detaillierte bibliografische Daten sind im Internet über http://dnb.d-nb.de/ abrufbar.

Dieses Werk sowie alle darin enthaltenen einzelnen Beiträge und Abbildungen sind urheberrechtlich geschützt. Jede Verwertung, die nicht ausdrücklich vom Urheberrechtsschutz zugelassen ist, bedarf der vorherigen Zustimmung des Verlages. Das gilt insbesondere für Vervielfältigungen, Bearbeitungen, Übersetzungen, Mikroverfilmungen, Auswertungen durch Datenbanken und für die Einspeicherung und Verarbeitung in elektronische Systeme. Alle Rechte, auch die des auszugsweisen Nachdrucks, der fotomechanischen Wiedergabe (einschließlich Mikrokopie) sowie der Auswertung durch Datenbanken oder ähnliche Einrichtungen, vorbehalten.

Impressum:

Copyright © 2010 GRIN Verlag, Open Publishing GmbH
Druck und Bindung: Books on Demand GmbH, Norderstedt Germany
ISBN: 978-3-640-71477-3

Dieses Buch bei GRIN:

http://www.grin.com/de/e-book/158162/theo-lederer-ein-flugzeugsammler-aus-oberbayern

GRIN - Your knowledge has value

Der GRIN Verlag publiziert seit 1998 wissenschaftliche Arbeiten von Studenten, Hochschullehrern und anderen Akademikern als eBook und gedrucktes Buch. Die Verlagswebsite www.grin.com ist die ideale Plattform zur Veröffentlichung von Hausarbeiten, Abschlussarbeiten, wissenschaftlichen Aufsätzen, Dissertationen und Fachbüchern.

Besuchen Sie uns im Internet:

http://www.grin.com/

http://www.facebook.com/grincom

http://www.twitter.com/grin_com

*Flugzeugsammler und Flugzeughistoriker
Theo Lederer
aus Bad Heilbrunn*

Ernst Probst

Theo Lederer

Ein Flugzeugsammler
aus Oberbayern

*Allen Fliegern,
die im Kriegseinsatz
oder bei der Erprobung
neuer Flugzeugtypen
ihr Leben verloren,
gewidmet*

VORWORT

Ein Flugzeugsammler aus Oberbayern

Schon als kleines Kind interessierte sich Theo Lederer aus Bad Heilbrunn im oberbayerischen Landkreis Bad Tölz für Flugzeuge und Hubschrauber. Diese Leidenschaft ließ ihn auch später nicht mehr los. Er sammelte zahlreiche Modelle von Flugzeugen und Hubschraubern, Autogramme berühmter Flieger und Fliegerinnen, Bücher über Luftfahrt und flughistorische Objekte. Seine umfangreiche Sammlung reicht inzwischen aus, um ein Museum zu gründen. Theo Lederer wäre eigentlich gerne Hubschrauberpilot geworden, aber er verwirklichte diesen Wunschtraum nicht, weil er dringend im elterlichen Geschäft gebraucht wurde. Seine Familie betreibt schon seit 1930 eine Versicherungsagentur. Statt Hubschrauberpilot wurde Theo Lederer ein Versicherungskaufmann sowie ein bekannter und geachteter Flugzeugsammler bzw. Flugzeughistoriker. Die von ihm gesammelten Armaturenbretter aller bekannten deutschen Jagdflugzeuge des Zweiten Weltkrieges sind weltweit in diversen Publikationen veröffentlicht. Sein profundes Wissen ist sehr gefragt. Bei den Dreharbeiten für den Film „Berlinger. Ein deutsches Abenteuer" (1975) war er für die korrekte Bemalung der Flugzeuge verantwortlich. Immer wieder initiierte er Berichte in der Presse über Themen aus der Luftfahrt. Für die „Deutsche Luftwaffe" und die Fliegerei im „Ersten Weltkrieg" (1914–1918) interessiert er sich deshalb so sehr, weil es damals noch sehr ritterlich bei Fliegern zuging – speziell bei den Jagdfliegern. Den Krieg, der für die Menschen viel unnötiges Leid zur Folge hat, will er keineswegs verherrlichen. 2010 produzierte er zusammen mit dem Wiesbadener Autor Ernst Probst eine Biografie über die erste bayerische Fliegerin Christl-Marie Schultes (1904–1976), die in seinem Geburtsort Bad Heilbrunn aufgewachsen ist. Die Kurzbiografie „Theo Lederer. Ein Flugzeugsammler aus Oberbayern" von Ernst Probst belegt eindrucksvoll, wie sich ein Laie auf einem Wissensgebiet zum Experten und zum Vorbild entwickeln kann.

Wie Theo Lederer zum Flugzeugsammler wurde

Theo Lederer wurde am 22. Juni 1954 in Bad Heilbrunn im Landkreis Bad Tölz (Oberbayern) als ältestes von vier Kindern geboren. Bereits als kleines Kind interessierte er sich für Flugzeuge und Hubschrauber. Während andere Buben seines Alters oft in eine obere Ecke ihrer Bilder eine Sonne zeichneten oder malten, musste es bei ihm immer ein Flugzeug oder ein Hubschrauber sein.

Seine Liebe zur Fliegerei wurde so bereits in seiner Kindheit geweckt. Schon im Alter von acht Jahren hatten es ihm die Plastikmodelle von „Revell" und „Airfix" angetan. Hier baute er das eine oder andere Modell zusammen. Leider war damals das Taschengeld noch sehr bescheiden.

Bei der mündlichen Abschlussprüfung in Englisch in der Realschule wählte Theo Lederer das Spezialthema „Markierungen und Tarnanstriche von deutschen Jagdflugzeugen im Zweiten Weltkrieg". Dies sollte ihm später noch von großem Nutzen sein.

Als junger Mann ging Theo Lederer zur Bundeswehr und wollte Hubschrauberpilot werden. Während seiner Bundeswehrzeit in Oberschleißheim unweit von

*Alte Werfthalle und Kommandantur
der „Flugwerft Schleißheim" unweit von München,
erbaut zwischen 1912 und 1918*

Theo Lederer. Ein Flugzeugsammler aus Oberbayern

*Neue Werfthalle der „Flugwerft Schleißheim"
(Neubau von 1992) nördlich von München.
„Flugwerft Schleißheim" ist der Name
eines technischen Museums
(vollständiger Name: „Deutsches Museum
Flugwerft Schleißheim").
Dabei handelt es sich um eine Außenstelle
des „Deutschen Museums"
in der Münchener Nachbargemeinde Oberschleißheim.
Das Museum wurde am 18. September 1992 eröffnet.*

„Halle 1" in der „Flugwerft Schleißheim",
einer Außenstelle des „Deutschen Museums"

Theo Lederer. Ein Flugzeugsammler aus Oberbayern

*Kampfflugzeuge in der „Flugwerft Schleißheim",
einer Außenstelle des „Deutschen Museums"*

München war er bei den Dreharbeiten für den viel gelobten Abenteuerfilm „Berlinger. Ein deutsches Abenteuer" (1975) mit Martin Benrath, Hannelore Elsner und Tilo Brückner für die korrekte Bemalung der Flugzeuge verantwortlich. Insgesamt war er einige Wochen lang mit der Filmcrew unterwegs. Sein Honorar für die Mitwirkung an diesem Film besserte seinen bescheidenen Wehrsold auf.

Nach dem Ende der Dreharbeiten wollte sein Kommandant – ein bekannter deutscher Nachtjäger – die alte, heruntergekommene Flugwerft in Oberschleißheim in die Luft sprengen lassen. Doch Theo Lederer konnte ihm diesen Plan ausreden. Die Flugwerft blieb erhalten, wurde renoviert und ist heute ein bekanntes Zweigmuseum des „Deutschen Museums". Bei der Einweihung der renovierten „Flugwerft Schleißheim" wurde Lederer am 18. September 1992 als Ehrengast eingeladen. Dabei unterhielt er sich nett mit einer ihm bis dahin unbekannten Dame, die sich, nachdem er sie nach ihrem Namen gefragt hatte, als Elly Beinhorn (1907–2007) vorstellte. Da Lederer erwähnte, dass er in Bad Heilbrunn lebt, fragte ihn die legendäre Fliegerin Elly Beinhorn, ob er die in der Gegend von Bad Heilbrunn aufgewachsene Pilotin Christl-Marie Schultes kenne. Er hatte zwar von einigen Einwohnern aus Bad Heilbrunn gehört, dass Christl-Marie Schultes früher geflogen sei, dem bisher aber keine große Bedeutung beigemessen.

Legendäre Fliegerin Elly Beinhorn (1907–2007)

*Das Haus,
in dem Christl-Marie Schultes aufwuchs,
steht heute noch
in Bad Heilbrunn*

*Christl-Marie Schultes (1904–1976),
die erste bayerische Fliegerin*

Fortan interessierte sich Theo Lederer auch für das Leben berühmter Fliegerinnen aus Deutschland. Zum Kaffeetrinken, zu dem ihn die damals 85-jährige Elly Beinhorn eingeladen hatte, kam es leider trotz eines Anrufes und eines Briefes vom ihm nicht.
Seinen Traum, Hubschrauberpilot zu werden, hat Theo Lederer nicht verwirklicht. Um dieses Ziel zu erreichen, hätte er sich länger als Zeitsoldat verpflichten müssen. Dies tat er aber nicht, weil er dringend im elterlichen Geschäft gebraucht wurde. Seine Familie betreibt seit 1930 in der dritten Generation in Bad Heilbrunn eine Versicherungsagentur.
Noch heute bedauert Theo Lederer manchmal ein wenig, dass er kein Hubschrauberpilot geworden ist. Ungeachtet dessen blieb er mit der Luftfahrt eng verbunden. Er trug eine beachtliche Sammlung rund ums Fliegen zusammen, erwarb sich einen guten Ruf als Luftfahrtsammler, lernte im Laufe der Zeit viele Pilotinnen/innen kennen und flog oft bei Flugtagen mit.
Für die „Deutsche Luftwaffe" und die Fliegerei im „Ersten Weltkrieg" (1914–1918) interessiert sich Theo Lederer deshalb so sehr, weil es damals noch sehr ritterlich bei Fliegern zuging – speziell bei den Jagdfliegern. „Piloten, die sich gegenseitig abschossen und dies überlebten, luden sich später gegenseitig zu einem Besuch ein, feierten miteinander und waren sehr fair zueinander. Auch zu Beginn des Zweiten

Weltkrieges (1939–1945) sei dies noch so gewesen, erzählt er.

Beim Sammeln flughistorischer Objekte ist Theo Lederer ein Perfektionist. So dauerte es zum Beispiel mehr als 20 Jahre, bis er das Armaturenbrett des Flugzeuges „TA 152", der letzten Weiterentwicklung von Focke-Wulf, komplettieren konnte. Der so genannte Schusszählerkasten stammt von einem Warngauer Bauern, der ein solches Gerät in seinem Schuppen entdeckte. Die Kabinendruckanzeige kam sogar aus Australien.

In der Sammlung von Theo Lederer befinden sich heute Armaturenbretter aller bekannten deutschen Jagdflugzeuge des Zweiten Weltkrieges. Diese Armaturenbretter sind weltweit in diversen Publikationen veröffentlicht.

1994 bot sich dem leidenschaftlichen Sammler aus Bad Heilbrunn sogar die seltene Gelegenheit, vom „Flugzeugmuseum Hannover-Laatzen" einen Flugzeugrumpf zu bekommen. Diesen hätte er als Gegenleistung dafür erhalten, wenn er bei der Restauration dreier Flugzeuge mitgearbeitet hätte. Doch dazu kam es nicht, weil sich die Lederers kurz zuvor dazu entschlossen hatten, ein Haus zu bauen und im neuen Keller kein Platz mehr für große Objekte war. „Gott sei Dank, hat das nicht geklappt", erzählte Theo Lederer dem „Tölzer Kurier" und fügte hinzu: „Hätte ich das gemacht, dann hätte mich meine Frau wohl erschlagen".

*Armaturenbrett des deutschen Jagdflugzeuges
„Focke-Wulf Tank Ta 152 H-1" (1945)
aus dem Zweiten Weltkrieg
in der Sammlung von Theo Lederer, Bad Heilbrunn*

*Armaturenbretter deutscher Jagdflugzeuge
aus dem Zweiten Weltkrieg
in der Sammlung von Theo Lederer,
Bad Heilbrunn*

Auch ohne diesen entgangenen Flugzeugrumpf besitzt Theo Lederer eine Sammlung von Flugzeugteilen, die weithin ihresgleichen sucht. „Schon beim ersten Blick in den Hausflur wird deutlich, daß in diesem Haus ein Flugzeugnarr wohnt", schrieb ein Lokaljournalist nach einem Besuch bei Lederer in einem Zeitungsartikel. „Auf einem Schrank prangt der Propeller einer alten Fokker. An der Wand hängen Kunstdrucke alter Flugzeuge mit den Unterschriften der Piloten". Dies sei freilich nur ein kleiner Vorgeschmack auf das, was die Gäste in den anderen Zimmern erwarte. Denn Lederer besitzt – neben anderen Objekten – rund 500 Bordgeräte von Flugzeugen.

Jedes Teil in der umfangreichen Sammlung von Theo Lederer hat seine eigene Geschichte. Das gilt auch für eine Fliegeruhr, die nur russische „MIG"-Piloten erhielten. Von solchen Fliegeruhren wurden nur 500 Stück hergestellt. Durch Zufall erwarb Lederer die Fliegeruhr mit der Nummer „007". Als der Verkäufer dies bemerkte, wollte er das gute Stück fast nicht mehr hergeben.

Zur riesigen Sammlung von Theo Lederer gehören auch schätzungsweise 2.500 Flugzeugbücher und 1.000 Autogramme. Besonders stolz ist er auf zahlreiche Biografien von deutschen Fliegern und Fliegerinnen, die alle von diesen signiert oder mit einer Widmung versehen sind. Nicht selten erlebte er, dass betagte Flieger/innen, bei denen er telefonisch angefragt hatte,

Theo Lederer. Ein Flugzeugsammler aus Oberbayern

*Pilotenpuppe in Lebensgröße eines deutschen Kampffliegers
von 1940 aus der Luftschlacht um England
und andere Ausstellungsstücke
in der Sammlung von Theo Lederer, Bad Heilbrunn*

*Modelle von Luft- und Raumfahrzeugen
sowie ein kleiner Teil der vielen Bücher
in der Sammlung von Theo Lederer,
Bad Heilbrunn*

Theo Lederer. Ein Flugzeugsammler aus Oberbayern

*So genannter Spinner des Jagdflugzeuges
„Messerschmitt Me 109 G-10"
in der Sammlung von Theo Lederer,
Bad Heilbrunn.
Als Spinner bezeichnet man die Kappe,
die auf den Propeller gestülpt ist.*

*Modell des ersten einsatzfähigen Düsenjägers der Welt,
„Messerschmitt Me 262 A-1" im Großmaßstab
in der Sammlung von Theo Lederer,
Bad Heilbrunn*

*Teil der Literatur
über Luftfahrt
in der Sammlung von Theo Lederer,
Bad Heilbrunn*

ob er ihnen ein Foto oder ein Buch mit der Bitte um eine Widmung zuschicken dürfe, kurz danach starben und sein Wunsch deswegen nicht erfüllt wurde.

Eine große Rarität in der Autogramm-Sammlung von Theo Lederer ist die Unterschrift des deutschen Jagdfliegers Hans-Joachim („Jochen") Marseille (1919–1942). Dieses so genannte Flieger-Ass des Zweiten Weltkrieges ist im Alter von nur 22 Jahren in Ägypten gefallen. Marseille war der erfolgreichste Jagdflieger auf dem nordafrikanischen Kriegsschauplatz und wurde unter dem Namen „Stern von Afrika" bekannt. Bis zu seinem Tod erzielte er 158 Luftsiege in 388 Feindflügen. Seine Maschine fing am 30. September 1942 wegen eines technischen Defektes Feuer. Weil die Fensterscheiben mit Öl verschmiert waren, dirigierten ihn seine Kameraden, damit er er sich auf deutsch besetztes Gebiet retten konnte. Als er abspringen musste, drehte er das Flugzeug mit einer halben Rolle in Rückenlage, um nicht Gefahr zu laufen, vom Leitwerk getroffen zu werden. Während er sich von den Rückengurten befreite, bemerkte er wegen der starken Rauchentwicklung nicht, dass die Maschine bereits in den Sturzflug übergegangen war, weswegen er beim Absprung vom Leitwerk getroffen wurde. Laut Online-Lexikon „Wikipedia" war Marseille sofort tot oder verlor das Bewusstsein. Zum Ziehen der Reissleine kam er nicht mehr. Sein Leben wird in dem Film „Der Stern von Afrika" (1957) verfilmt.

Stolz ist Theo Lederer auch auf eine Bildertafel, welche Flieger aus aller Welt zeigt, die vom 19. bis 22. Mai 1937 zum letzten Mal in Augsburg in friedlicher Absicht zusammengekommen waren. Darauf sind die Originalunterschriften von Ernst Udet (1896–1941), Heinz Rühmann (1902–1994), Adolf Galland (1912–1996), hoher Generäle und Kunstflieger zu sehen. Diese Bildertafel wurde bei einem Bombenangriff beschädigt. Lederer erwarb sie, ließ sie restaurieren und hängte sie in seinem Büro auf.

Theo Lederer betrieb intensive Nachforschungen über die aus seinem Heimatort stammende Christl-Marie Schultes, die erste Fliegerin in Bayern, und entdeckte unbekannte Details aus deren Leben. Für seine Nachforschungen interessierten sich die Zeitungen „Tölzer Kurier" und „Münchner Merkur" und veröffentlichten zwei Sonderseiten über Christl-Marie-Schultes.

Bei Gesprächen mit Zeitzeugen hörte Theo Lederer den Namen von Irene Gundelach aus Lengries, die bei der Firma „Anton Flettner Flugzeugbau" in Berlin-Johannisthal während der frühen 1940-er Jahre an der Entwicklung des ersten deutschen Hubschraubers beteiligt war. Flettner besaß ein Patent über einen Antrieb mit zwei Rotoren, deren Drehflügel wie bei Zahnrädern ineinander kämmten, was Stabilisierungs-Luftschrauben am Heck überflüssig machte. Lederer fand auch über diese Konstrukteurin viel Interessantes

Hans-Joachim („Jochen") Marseille (1919–1942),
der erfolgreichste Jagdflieger
auf dem nordafrikanischen Kriegsschauplatz
wurde unter dem Namen „Stern von Afrika" bekannt.
Bis zu seinem frühen Tod im Alter von nur 22 Jahren
erzielte er 158 Luftsiege in 388 Feindflügen.
Das Foto auf Seite 24 zeigt ihn auf einer Postkarte,
das Foto auf Seite 25
mit einem von ihm abgeschossenen Flugzeug.
Auf eine Unterschrift von ihm
ist Theo Lederer besonders stolz.

Fliegeridol Ernst Udet (1896–1941) im Jahre 1931

Jagdflieger Adolf Galland (1912–1996) im Jahre 1943

heraus. Dies bewog den „Tölzer Kurier" ebenfalls zu einer doppelseitigen Veröffentlichung über das abenteuerliche Leben von Irene Gundelach.
Der Luftfahrthistoriker aus Bad Heilbrunn interessierte sich auch für das Leben der bekannten Fliegerin Beate Uhse (1819–2001), geborene Köstlin, die als Deutschlands erste Stuntpilotin gilt und später die erfolgreichste Sexartikel-Versenderin der Welt wurde. Doch das einzige Ergebnis all seiner Bemühungen war ein Autogramm mit einem Foto, auf dem Beate Uhse neben ihrem Flugzeug steht.
Intensive Nachforschungen betrieb Theo Lederer über zwei Flugzeugabstürze amerikanischer Maschinen während des Zweiten Weltkrieges in der Gegend seines Heimatortes Bad Heilbrunn: Am 21. Juli 1944 war dort ein „B-27"-Bomber „Librator" und am 20. Januar 1945 in rund zwei Kilometer Luftlinie entfernt ein „B-17"-Bomber („Flying Fortress" = „Fliegende Festung") abgestürzt.
Vor allem der Absturz der „Fliegenden Festung" mit dem Spitznamen „Flying Latrine" („Fliegendes Pissoir") am 20. Januar 1945 hat Theo Lederer in seinen Bann gezogen. Eine „Fliegende Festung" des Tps „B-17" hatte knapp 32 Meter Spannweite, war mit vier Motoren mit je 1217 PS ausgerüstet, hatte zehn Mann an Bord, von denen vier MG-Schützen waren, und trug eine Bombenlast von acht Tonnen. Wrackteile einer solchen Maschine liegen vermutlich noch heute in rund zwölf

*Amerikanischer „B-17"-Bomber
(„Flying Fortress" = „Fliegende Festung")*

Meter Tiefe auf dem Grund des Karpfsees im Ortsteil Schönrain von Bad Heilbrunn.
Theo Lederer war von Georg Sailer, einem inzwischen verstorbenen Fußbodenleger aus Bad Heilbrunn, der als Kind einen dieser Bomberabstürze erlebt und von einem der abgeschossenen Flieger einen Kaugummi erhalten hatte, immer wieder animiert worden, sich dieser Geschichte anzunehmen. Die Nachforschungen litten aber darunter, dass 1944/1945 innerhalb eines halben Jahres zwei amerikanische Bomber in der Gegend von Bad Heilbrunn abgestürzt waren und es nach so langer Zeit in der Erinnerung der Zeitzeugen zu einigen Verwechslungen kam.
Dank der Hartnäckigkeit von Theo Lederer konnte der Absturz des US-Bombers vom 20. Januar 1945 in der Gegend von Bad Heilbrunn weitgehend geklärt werden. Im Tagebuch des Pfarrers Hauser aus Bad Heilbrunn wird der 20. Januar 1945 als Absturztag erwähnt, in manchen Zeitungsberichten dagegen der 21. Januar 1945. Bereits beim Anflug von Italien nach Deutschland fielen in dem Bomber zwei Motoren aus. Durch Flakbeschuss über Regensburg verlor der Bomber noch die beiden letzten Triebwerke. Nach dem Abwurf seiner Bombenlast über dem Ölhafen Regensburg versuchte der US-Pilot William J. Wittlinger die Schweiz zu erreichen. Dabei verflog er sich und geriet ins bayerische Oberland. „Als der Vogel nur noch etwa 5.000 Fuß, etwa 1.600 Meter hoch war, befahl ich

der Crew auszusteigen", schrieb Wittlinger in einem Brief kurz nach dem Absturz. Dabei musste er seinen Co-Piloten mit einem Fußtritt aus der Maschine befördern.

Die Fallschirmgurte des jungen Piloten Wittlinger verdrehten sich bei dem überstürzten Ausstieg, was ihm große Schmerzen bereitete, und er landete – zeitweise bewusstlos – in einer Fichte. Er schnitt sich los und stürzte auf den Boden. Kurz darauf kam ihm sein in der Nähe wohlbehalten gelandeter Flugingenieur zu Hilfe. Wenig später nahm ein 14-jähriger Hitler-Junge die beiden Amerikaner gefangen. Laut Nachforschungen des Münchener Luftfahrthistorikers Josef Eimannsberger sind alle zehn Besatzungsmitglieder des abgestürzten US-Bombers ziemlich unversehrt am Boden gelandet. In anderen Berichten ist von sieben oder neun Mann Besatzung und von zwei Toten die Rede, die vielleicht im Karpfsee liegen.

Die festgenommenen Amerikaner wurden zunächst in die damalige Tölzer SS-Junkerschule und später in ein großes Kriegsgefangenenlager in der Nähe von Moosburg gebracht, wo sie am 29. April 1945 von US-General George S. Patton (1885–1945) befreit wurden. Theo Lederer konnte nach langen Recherchen den amerikanischen Bomberpiloten William J. Wittlinger aus Lancaster in den USA ausfindig machen. 1988 wurde der damals 73-Jährige zum Jahrestreffen des Veteranen- und Reservistenvereins in Bad Heilbrunn eingeladen, wollte dazu kommen, musste aber kurzfristig wegen eines Pflegefalls in seiner Familie absagen. Der Verbleib anderer Überlebender konnte bisher nicht geklärt werden. Denn der Pilot Wittlinger war bei diesem Einsatz nicht mit seiner Stamm-Crew geflogen, weswegen er nicht alle Kameraden namentlich kannte.

Theo Lederer suchte damals Geldgeber für die Bergung der Bomber-Wrackteile, die auf dem Grund des Karpfsees liegen sollen. Amerikanische Special Forces hatten dies bereits in den 1970-er Jahren vergeblich versucht und im „Landschaftsschutzgebiet fast nur Flurschaden angerichtet". Nach Untersuchungen einer Bergungsfirma mit dem Echolot sollen sich vermutlich noch Teile des Rumpfes oder der Tragflächen im Seeboden befinden.

Viel Verständnis für das ungewöhnliche Hobby von Theo Lederer hat seine Ehefrau Renate. Seine beiden Kinder, die Tochter Marisa (geboren 1988) und der Sohn Georg (geboren 1991), interessieren sich leider nicht für die Fliegerei. Die Tochter arbeitet als Hausdame im Schloss Elmau, der Sohn als IT-System-Elektroniker. Aber sein Neffe Josef Schmid ist ein begeisterter Flieger und wird vermutlich seine Nachfolge als Luftfahrtsammler antreten. Der Neffe fliegt seit 2009 oft allein mit dem Segelflugzeug, verbringt jede freie Minute auf dem Segelfluggelände in Benediktbeuren und interessiert sich für die Geschichte der Fliegerei.

Artikel in „Bild" über Theo Lederer

*Josef Schmid, der Neffe von Theo Lederer
und ein begeisterter Flieger,
wird vermutlich die Nachfolge seines Onkels
als Luftfahrtsammler antreten.*

*Seit 2009 fliegt Josef Schmid
oft allein mit dem Segelflugzeug
und verbringt jede freie Minute auf dem Segelfluggelände
in Benediktbeuren.*

*Gemälde von Otmar Schultes (1867–1957),
Vater der ersten bayerischen Fliegerin
Christl-Marie Schultes (1904–1976),
die in Bad Heilbrunn aufgewachsen ist.
Originale in der Sammlung von Familie Rosenberger,
„Gasthof Kronschnabl", Bad Heilbrunn*

*Gemälde von Otmar Schultes (1867–1957),
Vater der ersten bayerischen Fliegerin
Christl-Marie Schultes (1904–1976),
die in Bad Heilbrunn aufgewachsen ist.
Originale in der Sammlung von Familie Rosenberger,
„Gasthof Kronschnabl", Bad Heilbrunn*

*Altes Blechspielzeug
in der Sammlung
von Theo Lederer,
Bad Heilbrunn*

Theo Lederer hat noch viel vor. Irgendwann will er vielleicht seine umfangreiche Sammlung „Flugzeug – Spielzeuge" für die Öffentlichkeit zugänglich machen. In einem seiner Kellerräume hat er altes Blechspielzeug, alte Figuren und viele alte Spielzeugsachen zwischen den Flugzeugteilen platziert. Dies soll den militärischen Charakter seiner Sammlung etwas abschwächen und die Flieger so darstellen, wie sie eigentlich waren. „Man hatte ja den 18- oder 19-Jährigen, als man sie zu Fliegern ausbildete, eigentlich ihre Jugend genommen. Mit dem Spielzeug gebe ich ihnen etwas zurück", sagt Lederer.
Gerne würde der Flugzeugsammler Theo Lederer auch eine Ausstellung mit Bildern arrangieren. Und zwar ausschließlich mit Kunstwerken die der frühere Oberforstverwalter Otmar Schultes (1867–1957) aus Bad Heilbrunn, der Vater der ersten bayerischen Fliegerin, Christl-Marie Schultes, gemalt hat. Dieser hatte, bevor er eine Karriere im Forstdienst machte, mit Erfolg die Kunstakademie in München besucht und war ein talentierter Maler.
Es ist also noch viel zu tun für Theo Lederer ...

Literatur

PROBST, Ernst: Königinnen der Lüfte in Deutschland, München 2010

PROBST, Ernst / LEDERER, Theo: Christl-Marie Schultes. Die erste Fliegerin in Bayern, München 2010

TÖLZER KURIER: Sogar eine MIG-Uhr mit der Nummer 007. Der Heilbrunner Theo Lederer sammelt alles rund ums Fliegen, 20. November 1997

TÖLZER KURIER: Seit 50 Jahren zwölf Meter tief im Karpfsee versunken. Was geschah mit den im Zweiten Weltkrieg abgeschossenen amerikanischen Piloten?, Bad Tölz, 31. Dezember 1997

TÖLZER KURIER: Co-Pilot mit einem Fußtritt aus dem Flugzeug gestoßen. Absturz der „Flying Fortress": Neue Einzelheiten aus US-Archiven, Bad Tölz, 26. Oktober 1998

TÖLZER KURIER: Pilot des „Fliegenden Pissoirs" gefunden. Wittlingers Flugzeug stürzte 1945 in den Karpfsee, Bad Tölz, 26. Oktober 1998

TÖLZER KURIER: Die Christl wollte immer hoch hinaus. Träume vom Flug um die Welt, Bad Tölz, 23. Mai 2001

TÖLZER KURIER: Eine Maschine zum untern Arm nehmen. Augenzeugen schildern den Start zum Weltflug, Bad Tölz, 23. Mai 2001

TÖLZER KURIER: Von der Sucht nach dem Rekord. Kritik an mangelnder Vorbereitung und unzureichende Ausrüstung, Bad Tölz, 23. Mai 2001
TÖLZER KURIER: Rätselhaftes Ding stieg in die Luft. Einer der ersten Helikopter war 1945 im Isarwinkel versteckt, Bad Tölz, 6. August 2003
TÖLZER KURIER: Die Dame und der Hubschrauber. Lengrieserin half bei der Konstruktion des ersten deutschen Hubschraubers, Bad Tölz, 6. August 2003
WIKIPEDIA (Online-Lexikon) http://wikipedia.org

Bildquellen

Klaus Benz, Mainz-Laubenheim: 52

Bundesarchiv, Bild 146-2006-0122 / Hoffmann, Heinrich / CC-BY-SA: 30 (via Wikimedia Commons), lizensiert unter CreativeCommons-Lizenz by-sqa-3.0-de
http://creativecommons.org/licenses/by-sa/3.0/de/legalcode

Bundesarchiv, Bild 101I-440-1313-07 / Oppitz / CC-BY-SA: 31 (via Wikimedia Commons), lizensiert unter CreativeCommon-Lizenz by-sa-3.0-de
http://creativecommons.org/licenses/by-sa/3.0/de/legalcode

Bundesarchiv, Bild 102-12228 / CC-BY-SA: 32 (via Wikimedia Commons), lizensiert unter CreativeCommons-Lizenz by-sa-3.0-de
http://creativecommons.org/licenses/by-sa/3.0/de/legalcode

Bild 101I-468-1421-35 / Ketelhohn (t) / CC-BY-SA: 33 (via Wikimedia Commons), lizensiert unter CreativeCommons-Lizenz by-sa-3.0-de http://creativecommons.org/licenses/by-sa/3.0/de/legalcode

Theo Lederer, Bad Heilbrunn: 1, 16, 17, 20, 21, 23, 24, 25, 26, 27, 39, 40, 42, 43, 44

Professor Dr. Bernd Rosemeyer, München: 15

U.S. Air Force: 35 (via Wikimedia Commons), Lizenz: gemeinfrei (Public domain)

Phoibos666 in der deutschsprachigen Wikipedia: 10, 11 (via Wikimedia Commons), Lizenz gemeinfrei (Public domain)

Jean-Patrick Donzey/Jaypee): 12 (via Wikimedia Commons), Lizenz: gemeinfrei (Public domain)

Andreas Fränzel (AndiF) / CC-BY-SA3.0: 13 (via Wikimedia Commons), lizensiert unter CreativeCommons-Lizenz by-sa-3.0-de http://creativecommons.org/licenses/by-sa/3.0/legalcode

Buchautor Ernst Probst

Der Autor Ernst Probst

Ernst Probst, geboren am 20. Januar 1946 in Neunburg vorm Wald im bayerischen Regierungsbezirk Oberpfalz, ist Journalist und Buchautor. Er arbeitete von 1968 bis 1971 als Volontär und Lokalredakteur in den Redaktionen Weißenburg (Mittelfranken) und Forchheim (Oberfranken) der „Nürnberger Nachrichten", von 1971 bis 1973 als Redakteur für Politik in der Zentralredaktion des „Ring Nordbayerischer Tageszeitungen" in Bayreuth und von 1973 bis 2001 als verantwortlicher Redakteur in verschiedenen Ressorts (Aus aller Welt, Ratgeber/Leserbriefe, Wochenendbeilage Journal) bei der „Allgemeinen Zeitung", Mainz. In seiner Freizeit schrieb Ernst Probst zahlreiche Artikel für die „Frankfurter Allgemeine Zeitung", „Süddeutsche Zeitung", „Die Welt", „Frankfurter Rundschau", „Hannoversche Allgemeine", „Neue Zürcher Zeitung", „Tages-Anzeiger", Zürich, „Salzburger Nachrichten", „Die Zeit", „Rheinischer Merkur", „Deutsches Allgemeines Sonntagsblatt", „bild der wissenschaft", „kosmos", „Deutsche Presse-Agentur" (dpa), „Associated Press" (AP) und den „Deutschen Forschungsdienst" (df). Von 2001 bis 2006 betätigte sich Ernst Probst als Buchverleger. Aus seiner Feder stammen mehr als 200

Bücher, Taschenbücher, Broschüren, Museumsführer und E-Books. Zu seinen Spezialitäten gehören Biografien berühmter Frauen sowie Themen aus den Bereichen Paläontologie, Archäologie und Kryptozoologie.

E-Books von Ernst Probst über „Königinnen der Lüfte"

Aida de Acosta. Erster Alleinflug mit einem lenkbaren Luftschiff
Elsa Andersson. Die erste Pilotin aus Schweden
Jacqueline Auriol. Sie durchbrach als erste Europäerin die Schallmauer
Liesel Bach. Deutschlands erfolgreichste Kunstfliegerin
Pancho Barnes. Amerikas erste Stuntpilotin
Maryse Bastié. Die Fliegerin, die acht Weltrekorde brach
Jean Batten. Neuseelands berühmteste Pilotin
Melli Beese. Die erste Deutsche mit Pilotenlizenz
Elly Beinhorn. Deutschlands Meisterfliegerin
Vera von Bissing. Eine Kunstfliegerin der 1930-er Jahre
Sophie Blanchard. Die erste professionelle Luftschifferin
Adrienne Bolland. Die erste Frau, die über die Anden flog
Hélène Boucher. Die französische „Wunderfliegerin"
Kalpana Chawla. Die erste Inderin im Weltall
Jacqueline Cochran. Die „schnellste Frau der Welt"

Bessie Coleman. Die erste Afro-Amerikanerin mit Pilotenschein
Eileen Collins. Die erste Raumfähren-Pilotin
Hèléne Dutrieu. Die erste Pilotin in Belgien
Amelia Earhart. Die erste Frau, die zwei Mal über den Atlantik flog
Ruth Elder. Die erste Frau, die den Flug über den Atlantik wagte
Marga von Etzdorf. Die tragische deutsche Fliegerin
Elise Garnerin. Die „Venus im Ballon"
Sabiha Gökcen. Die erste türkische Pilotin
Frances Wilson Grayson. Tragischer Flug über den Atlantik
Hilda Hewlett. Die erste britische Fliegerin
Maryse Hilsz. Die Rekordfliegerin aus Frankreich
Luise Hoffmann. Die erste deutsche Einfliegerin
Kara Spears Hultgreen. Die erste „F-14 Tomcat"-Kampfpilotin
Laura Ingalls. Die erste Amerikanerin, die über Südamerika flog
Carol Mae Jemison. Die erste afro-amerikanische Astronautin
Amy Johnson-Mollison. Englands erste Flugzeugmechanikerin
Thea Knorr. Eine frühe Fliegerin in Fliegerin
Raymonde de Laroche. Die erste Pilotin der Welt
Ruth Law. Erste Luftpost für die Philippinen

Anne Morrow Lindbergh. Die erste Amerikanerin
mit Segelflugschein.
Anne Löwenstein-Wertheim. Die fliegende Prinzessin
Shannon Lucid. Der längste Raumflug einer Frau
Rita Maiburg. Einer der ersten weiblichen
Linienflugkapitäne
Beryl Markham. Die erste Berufspilotin in Ostafrika
Marie Marvingt. Die „Mutter der Luftambulanz"
Christa McAuliffe. Die amerikanische Nationalheldin
Victoria van Meter. Die jüngste Fliegerin der Welt
Jerry Mock. Im Alleinflug um die Erde
Mathilde Moisant. Eine frühe Fliegerin
in den USA
Käthe Paulus. Deutschlands erste Luftschifferin
Thérèse Peltier. Die erste Flugzeugpassagierin
der Welt
Harriet Quimby. Die erste Amerikanerin
mit Flugschein
Bessica Medlar Raiche. Eine der ersten Fliegerinnen
in den USA
Barbara Allen Rainey. Die erste Marinepilotin
der USA
Thea Rasche. The Flying Fräulein
Marina Raskowa. Eine fliegende „Heldin
der Sowjetunion"
Wilhelmine Reichard. Die erste Ballonfahrerin
in Deutschland
Hanna Reitsch. Die Pilotin der Weltklasse

Sally Kristen Ride. Die erste Amerikanerin
im Weltall
Swetlana Sawizkaja. Die erste Spaziergängerin
 im Weltall
Blanche Stuart Scott. Die erste Amerikanerin,
die ein Flugzeug flog
Melitta Gräfin Schenk von Stauffenberg.
Deutsche Heldin mit Gewissensbissen
Katherine Stinson und Marjorie Stinson. Die
fliegenden Schwestern
Kathryn Dwyer Sullivan. Rekordspaziergängerin
im Weltall
Walentina Tereschkowa. Die erste Frau im Kosmos
Élisabeth Thible. Die erste Passagierin einer
Montgolfière
Kathryn Thornton. Berühmte Spaziergängerin
im Weltall
Sabine Trube. Die deutsche Düsenjet-Kommandantin
Beate Uhse. Deutschlands erste Stuntpilotin
Nancy Bird Walton. Australiens erste und jüngste
Verkehrspilotin

Bücher von Ernst Probst

Christl-Marie Schultes. Die erste Fliegerin in Bayern
(zusammen mit Theo Lederer)
Der Schwarze Peter. Ein Räuber im Hunsrück
und Odenwald
Elisabeth I. Tudor. Die jungfräuliche Königin
Julchen Blasius. Die Räuberbraut des Schinderhannes
Hildegard von Bingen. Die deutsche Prophetin
Königinnen der Lüfte von A bis Z
Drei Königinnen der Lüfte in Bayern. Thea Knorr –
Christl-Marie Schultes – Lisl Schwab (zusammen
mit Josef Eimannsberger)
Königinnen der Lüfte in Deutschland
Königinnen der Lüfte in Frankreich
Königinnen der Lüfte in England, Australien
und Neuseeland
Königinnen der Lüfte in Europa
Königinnen der Lüfte in Amerika
Frauen im Weltall. Biografien berühmter
Astronautinnen und Kosmonautinnen
Königinnen des Tanzes
Machbuba. Die Sklavin und der Fürst
Maria Stuart. Schottlands tragische Königin
Meine Worte sind wie die Sterne. Die Entstehung
der Rede des Häuptlings Seattle
(zusammen mit Sonja Probst)

Superfrauen 1 – Geschichte
Superfrauen 2 – Religion
Superfrauen 3 – Politik
Superfrauen 4 – Wirtschaft und Verkehr
Superfrauen 5 – Wissenschaft
Superfrauen 6 – Medizin
Superfrauen 7 – Film und Theater
Superfrauen 8 – Literatur
Superfrauen 9 – Malerei und Fotografie
Superfrauen 10 – Musik und Tanz
Superfrauen 11 – Feminismus und Familie
Superfrauen 12 – Sport
Superfrauen 13 – Mode und Kosmetik
Superfrauen 14 – Medien und Astrologie
Superfrauen aus dem Wilden Westen

Rekorde der Urzeit
Rekorde der Urmenschen
Archaeopteryx. Der Urvogel aus Bayern
Der Ur-Rhein
Der Rhein-Elefant

Deutschland im Eiszeitalter
Der Höhlenbär
Höhlenlöwen
Der Mosbacher Löwe
Säbelzahnkatzen
Monstern auf der Spur. Wie die Sagen über Drachen, Riesen und Einhörner entstanden
Affenmenschen. Von Bigfoot bis zum Yeti
Seeungeheuer. Von Nessie
bis zum Zuiyo-maru-Monster

Der Ball ist ein Sauhund. Weisheiten und Torheiten über Fußball (zusammen mit Doris Probst)
Worte sind wie Waffen. Weisheiten und Torheiten über die Medien (zusammen mit Doris Probst)
Schweigen ist nicht immer Gold. Zitate von A bis Z
Weisheiten der Indianer

Bestellungen bei www.grin.com